Christiane Rath

Der Kölner Zoo
Ein Führer für Kinder und Erwachsene

KiWi
KÖLN

Die Autorin:

Christiane Rath lebt seit 20 Jahren in Köln. Sie ist promovierte Romanistin und seit 1982 als freischaffende Übersetzerin und Künstlerin tätig.

1. Auflage 2005

© 2005 Verlag Kiepenheuer & Witsch, Köln –
Lizenzgeber: Labonté Köhler Osnowski Verlagsgesellschaft mbH, Köln

Fotos und Illustrationen ©: Christiane Rath, Köln außer: S. 15, S. 17, S. 21, S. 23, S. 25, S. 27, S. 31, S. 39, S. 41: Hans Feller, Köln
Lektorat: Traudl Bünger, Köln
Umschlaggestaltung: Susanne Breuer, Rösrath
Umschlagfoto: Dieter Höll/f1 online
Satz und Layout: Bärbel Gemmel, Neue Mass 11 GmbH, Köln
Druck und Bindearbeiten: farbo print + media GmbH, Köln

ISBN 3-462-03578-9

Inhaltsverzeichnis

Der Kölner Zoo für kleine Zoologen

Der Kölner Zoo ist einer der ältesten Zoos in Deutschland. Er beherbergt ungefähr 7000 Tiere, die von 125 Mitarbeitern gepflegt und versorgt werden. Jedes Jahr kommen etwa 1.000.000 Gäste, besuchen die Tiere und schauen ihnen beim Spielen, Raufen oder Fressen zu. Und dabei ergeben sich viele Fragen, auf die Kinder eine Antwort haben möchten.

Antworten auf diese Fragen finden sich in diesem Führer. Jeweils auf der rechten Seite bietet das Buch wichtige, interessante und kuriose Informationen über die 20 Lieblingstiere der Kinder, über ihr Leben im Zoo und in freier Wildbahn. Die linken Seiten sind für zu Hause gedacht. Da kann man sich Expertenwissen anlesen, über tierische Witze lachen, einen Pinguin basteln oder einen Tigerkuchen backen.

Wer mag, kann dem hier vorgeschlagenen Rundgang folgen und die Tiere der Reihe nach besuchen.

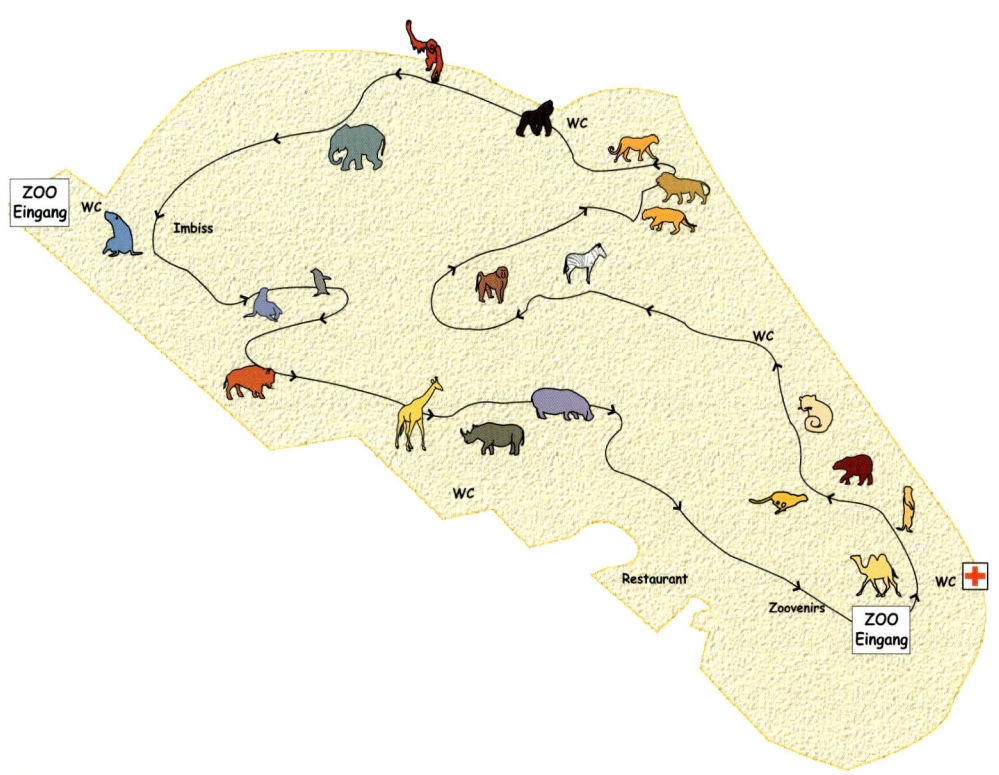

Die Kamelfamilie:

Kamele

Großkamele   Kleinkamele

      ────────

Dromedar   Trampeltier   Alpaka, Lama
                                               Guanako, Vikunja

KAMELE
Wir mühen uns mit ganzer Seele,
zu unterscheiden die Kamele,
und sind uns nie darüber klar:
Was ist Kamel? Was Dromedar?
Und welche Rolle spielt dann hier
das so genannte Trampeltier?
Wir lesen's nach in dicken Schmökern:
Das, was herumläuft mit zwei Höckern
in Asien, fern bei den Chinesen,
das ist ein trampeltierisch Wesen.
Doch das, was verhältnismäßig nah,
einhöckrig lebt in Afrika,
das wird ein Dromedar genannt.
Gleichwohl sind sie ganz nah verwandt.
Was sie auch höckrig unterscheide,
Kamele sind sie alle beide.
(Eugen Roth)

Der Passgang

Versuch doch zu Hause einmal, so zu laufen:
Erst bewegst Du die linke Hand und den
linken Fuß, dann die rechte Hand und den
rechten Fuß.

Immer wieder wird darüber gezankt, ob diese Tiere hier Kamele oder Dromedare heißen. Dabei ist die Sache ganz einfach: Kamel ist immer richtig, denn Kamele sind sie alle. Ein Kamel mit zwei Höckern heißt Trampeltier, ein Kamel mit einem Höcker ist ein Dromedar. Der Kölner Zoo hat also Trampeltiere.

Das Trampeltier ist eines der ältesten Haustiere der Welt. Schon seit etwa 5000 Jahren hilft es dem Menschen bei der Arbeit. Und zwar vor allem deswegen, weil ein Trampeltier einiges aushalten kann. Beim Fressen ist es nicht verwöhnt, sondern auch mit harten Gräsern und Zweigen zufrieden. Trotzdem bringt es 450 bis 1000 kg auf die Waage. Es kann bis zu 30 Tage ganz ohne Wasser auskommen, und wenn es dann Wasser findet, trinkt es bis zu 120 Liter auf einmal, das sind sechs große Putzeimer voll. Weil es auch noch viel tragen kann und dabei so schnell läuft, wie ein durchschnittlicher Fahrradfahrer fährt (15 Kilometer in der Stunde), ist es ein guter Begleiter durch die Wüste. Da ist es am Tag sehr heiß, kann aber nachts ganz eiskalt werden, doch das ist einem Trampeltier egal. Es fühlt sich von -27 bis +50 °C wohl.

Im Frühjahr wirft es sein Fell in dicken Büscheln ab. Daraus kann man tolle Wolle für Decken und Mäntel machen.

Trampeltiere werden bis zu 25 Jahre alt, und ihre Höcker wachsen mit 2,30 m Deinen Eltern locker über den Kopf. Wilde Trampeltiere gibt es heute noch in der Wüste Gobi in der Mongolei.

Lustig

In Köln gibt es einen wohltätigen Verein, der sich 1981 spontan gegründet hat und den Namen „Kleine Erdmännchen. Kölsche för Kölsche e.V. von 1994" trägt. Der Verein sammelt Geld für bedürftige Menschen in Köln. Schirmherr ist der Oberbürgermeister Fritz Schramma.

Expertenecke

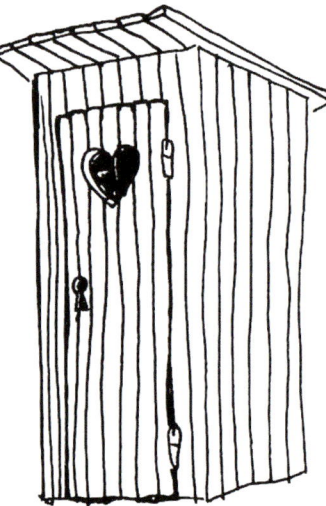

Bei den Erdmännchen ist immer eine Frau Chef der Gruppe. Sie bestimmt den Wohnort, und sie allein bekommt auch die Kinder. Die anderen Weibchen können ihr beim Stillen helfen, auch wenn sie selbst nicht schwanger waren.

Die Erdmännchen im Kölner Zoo sind Toilettenbenutzer.

Die ganze große Erdmännchenfamilie legt ihren Kot an einer einzigen Stelle ab.

Das Erdmännchen

Die Erdmännchen leben sehr weit von uns entfernt, ganz im Süden von Afrika. Obwohl sie so klein sind und weniger wiegen als eine Milchtüte (620 g bis 970 g), zählen sie zu den Raubtieren, denn sie fressen Insekten, Skorpione und kleine Wirbeltiere wie z. B. Eidechsen.

Erdmännchen werden aber auch selbst manchmal gefressen, z.B. von Schlangen und Raubvögeln, und deshalb müssen sie sehr vorsichtig sein. Immer gibt es einen oder mehrere Wächter, die abwechselnd aufpassen. Die Aufpasser stellen sich auf die Hinterbeine und stützen sich mit dem langen, kräftigen Schwanz ab, damit sie nicht umfallen. So können sie mit ihren sehr guten Augen die Umgebung beobachten und ihre Feinde schnell erkennen. Taucht etwas Verdächtiges auf, schreien sie ganz spitz und schrill, und alle Tiere verschwinden blitzschnell in ihren Verstecken.

Wenn die Großfamilie Junge hat, muss jemand das Babysitten übernehmen. Ein Verwandter oder Freund kümmert sich um den Nachwuchs, wenn die Eltern auf Futtersuche sind. Der Babysitter ist auch der erste Lehrer der Kleinen: Er zeigt ihnen, wo sie Nahrung finden und wie sie ihre Krallen benutzen. Das müssen Erdmännchenkinder lernen, denn die Krallen sind ihre Schaufeln, mit denen sie nach Futter suchen und ihre Höhlen graben.

Ansonsten lieben Erdmännchen die Gemütlichkeit: Sie kuscheln sich nachts dicht aneinander, um sich zu wärmen. Tagsüber spielen und schmusen sie in der Sonne mit ihren Freunden, suchen ihr Futter in nächster Nähe und buddeln sich kleine Höhlen. In Köln ist es ihnen besonders im Winter etwas zu nasskalt, und deswegen brauchen sie die wärmenden Lampen und die Schirme, die den Regen auffangen, damit der Boden trocken bleibt.

Vielleicht fragt Ihr Euch, warum die Geparden nicht einfach aus ihrem Gehege herauskommen, so niedrig wie die gläserne Umzäunung ist. Geparden sind ziemlich schlechte Springer. Sie finden keinen Halt an den glatten Glasflächen, und außerdem haben sie keinen Grund, hinüberzuspringen, denn wir Menschen gehören nicht zu ihren Beutetieren. Wir brauchen also keine Angst zu haben.
Etwas anders sieht es bei den Leoparden aus, deswegen der hohe Zaun.

Expertenecke

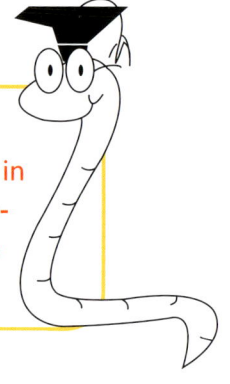

Vor zwei Millionen Jahren gab es auch bei uns in Europa Geparden, das konnte man in uralten Versteinerungen (Fossilien) nachweisen. Höchstwahrscheinlich waren sie aber größer als die heute lebenden Tiere.

Katzenauge     Gepardenauge

Interessant

Man kann Geparden zähmen, wenn man sie schon als Babys betreut. Zum Beispiel hatte der berühmte Herrscher Dschingis Khan einen Geparden als Haustier.

Nimm eine Stoppuhr mit ins Auto und versuche, die Beschleunigungszeit bis 100 Stundenkilometer herauszufinden. Das geht sehr gut bei Autobahnauffahrten, bei denen man stark beschleunigen muss. Wenn Ihr bei Tempo 115 Kilometer in der Stunde seid, sieh einmal auf die Leitplanken und stell Dir vor, Du wärst ein Gepard auf der Jagd. Schnell, oder?

Der Gepard

Der Gepard ist ein Raubtier und gehört zu der Familie der Katzen, er ist dort aber etwas Besonderes. So sind seine Pupillen nicht schlitzförmig wie bei unserer Hauskatze, sondern kreisrund. Auch seine Pfoten ähneln eher Hundepfoten, denn sie haben harte Sohlen, und die Krallen werden nie ganz eingezogen. Sie dienen ihm als Spikes und verhindern das Ausrutschen beim Rennen. Das ist für einen Geparden wichtig, denn er ist das schnellste Säugetier der Welt. In vier Sekunden ist er aus dem Stand 100 Stundenkilometer schnell! Für diese Beschleunigung brauchen Rennautos ungefähr 500 PS. Seine Höchstgeschwindigkeit von 110 bis 120 Kilometer in der Stunde hält er aber nicht lange durch – spätestens nach 800 Metern ist er sehr müde und muss ausruhen, aber das müssten die meisten von uns nach zwei Runden um den Sportplatz ja auch. Wenn er bis dahin seine Beute nicht gefangen hat, hat er Pech gehabt und muss auf die nächste Gelegenheit warten. Manchmal ist er sogar so müde, dass er sich das gefangene Tier wieder abjagen lässt, z. B. von einem Löwen. Das ist für Geparden sehr unangenehm, denn sie verbrauchen bei dieser anstrengenden Art der Jagd viel Kraft und müssen ihre Reserven schnell wieder auffüllen. Gepardenjunge kommen blind auf die Welt, können aber nach zwei Wochen sehen und sind mit ein paar Monaten schon recht groß. Trotzdem bleiben sie zwei Jahre in der Nähe der Mutter, um das Jagen zu lernen.

Rezept für Bärentatzen

Zutaten

50 g Marzipanrohmasse

150 g Zucker

2 kleine Eier

250 g Butter

1 Prise Salz

abger. Schale einer Zitrone

200 g Mehl

175 g Speisestärke

50 g Kakaopulver

Füllung

100 g Nussnougatmasse

150 g dunkle Kuchenglasur

Marzipan, Zucker und Eier mit einer Gabel gründlich verrühren. Dann – entweder in der Küchenmaschine oder in einer Rührschüssel – mit der weichen Butter, dem Salz und der Zitronenschale schaumig verquirlen. Mehl, Stärke und Kakao in einer zweiten Schüssel vermischen und dann langsam zu der Eiermasse geben. Ein Blech mit Backpapier auslegen, Teig in eine Spritztülle füllen und kleine Bärentatzen auf das Blech spritzen. Bei 200 °C etwa zwölf Minuten backen. Kalt werden lassen.

Nougat im Wasserbad etwas erwärmen, Kuchenglasur nach Anweisung verflüssigen. Auf die Unterseite einer Bärentatze Nougat aufstreichen, zweite Bärentatze ankleben, zusammen mit einer Seite in die Glasur tauchen und auf Alufolie oder Pergamentpapier trocknen lassen.

Bären sehen gemütlich aus, können aber sehr schnell rennen: Sie schaffen eine Höchstgeschwindigkeit von 60 Kilometern in der Stunde. Die schnellsten Menschen der Welt laufen nur etwa halb so schnell, deswegen wäre es völlig sinnlos, wegzulaufen, wenn man einem Grizzlybären in der Wildnis begegnet.

Der letzte echte Braunbär Deutschlands wurde 1835 in Ruhpolding (Bayern) erlegt. Das erste Gummibärchen wurde 1922 in Bonn geboren.

Expertenecke

Vorsicht, es gibt auch Tiere, die „Bär" heißen, aber gar nicht zu der Bärenfamilie gehören!
Waschbär, Ameisenbär, Koalabär und Seebär (Robbenart) sind immerhin Säugetiere. Noch komplizierter wird es beim Braunen Bär, beim Schwarzen Bär, beim Blutbär und beim Zimtbär, denn sie sind Nachtfalter aus der Familie der „Bärenspinner".

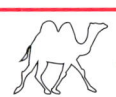

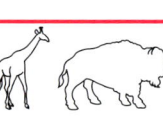

Der Grizzlybär

Ein Grizzlybär hat mit den süßen Teddybären in Deinem Zimmer nicht viel gemeinsam. Er ist ein großes und schweres Raubtier aus Nordamerika und gehört zu den Braunbären. Frau Grizzly wiegt zwischen 150 kg und 200 kg, und Herr Grizzly kann sogar bis zu 300 kg auf die Waage bringen, das ist mehr als drei kräftige Männer zusammen! Trotzdem verspeist ein Grizzlybär vor allem Beeren und Eicheln, nur selten Säugetiere oder Lachs. Und – wie jedes Kind weiß – liebt er Süßigkeiten und stibitzt gern Honig aus Bienenstöcken. Das führt dazu, dass ältere Bären oft Karies haben, schließlich kann sich ein Bär nur schwer die Zähne putzen.

Im Herbst futtert der Grizzlybär sich einen dicken Bauch an, denn im Winter hält er Winterruhe. Da verkriecht er sich in einer Höhle oder in einem hohlen Baum, sein Herz schlägt nur achtmal in einer Minute, und der Körper wird 5°C kühler, so dass er kaum noch Energie verbraucht und es eine lange Zeit ohne Essen und Trinken aushalten kann. Im Januar oder Februar kommen die Bärenkinder zur Welt, winzig klein und leicht, sie sind etwa so groß wie ein Meerschweinchen. Aber schon vor ihrem ersten Geburtstag sind sie 70 kg schwer, also so schwer wie ein erwachsener Mensch, weil die Bärenmuttermilch so viel Fett enthält.

Übrigens kann eine Grizzlybärennase ungefähr 100.000mal besser riechen als Deine! Die Pfleger verstecken Honigtropfen in den Ritzen des Felsens, damit die Bären etwas suchen können und sich nicht langweilen.

Steckbrief

	Kleiner Panda	Großer Panda
Länge	bis 64 cm	160 cm - 190 cm
Gewicht	4,5 kg	85 kg - 125 kg, Männchen bis 160 kg
Schwanz	bis zu 60 cm	13 cm Stummel
Alter	14 Jahre im Zoo, in Freiheit weniger	30 Jahre im Zoo, in Freiheit über 20 Jahre

Expertenecke

Bei den Pandaweibchen gibt es etwas ganz Besonderes: Wenn sie Babys erwarten und viel gutes Futter finden, dann werden die kleinen Pandas schon nach 114 Tagen geboren. Wenn sie aber zwischendurch zu wenig zu fressen haben und deswegen hungern müssen, machen die Babypandas im Bauch eine Wachstumspause und kommen bis zu einem Monat später zur Welt.

WWF bedeutet „World Wide Fund For Nature", und das ist eine der größten unabhängigen Naturschutzorganisationen der Welt. Sie ist in über 90 Ländern aktiv und wird von knapp fünf Millionen Menschen unterstützt. Für Kinder und Jugendliche gibt es in Deutschland ein spezielles Programm, „Young Panda". Über deren Aktionen kann man sich im Internet unter www.wwf.de/young_panda informieren. Der große Panda ist das Symboltier von WWF, weil es nur noch etwa 1000 Pandas in 33 Reservaten gibt.

Wenn Du „Panda" hörst, denkst Du sicher sofort an den kuscheligen schwarz-weißen Bären mit den schwarz umrandeten Augen, der auch als Stofftier sehr beliebt ist. Das ist ein „Großer Panda". Er ist mit den „Kleinen Pandas", die wir im Kölner Zoo besuchen können, entfernt verwandt. Der Name „Panda" kommt aus Nepal in Asien und heißt „Bambusfresser", und Bambus mögen beide Pandas gern. Der Kleine Panda frisst außerdem Wurzeln, Eicheln, Beeren und kleines Getier. Da alle diese Speisen nicht sehr satt machen, bewegt er sich nur wenig, damit er nicht gleich wieder Hunger bekommt.

Besonders interessant sind seine Pfoten, denn er hat einen falschen Daumen aus Knorpel, mit dem er fast so gut greifen kann wie wir mit unserem richtigen. Er kann kopfüber einen Baum herunterklettern. (Bitte nicht nachmachen!)

Anders als bei den meisten Tieren ist die Unterseite der Pfoten behaart, so bekommen Kleine Pandas in den hoch gelegenen Bergwäldern des Himalaya keine kalten Füße. Beim Trinken benutzen sie auch die Pfoten, tauchen sie ins Wasser und lecken sie dann ab. Kleine Pandas werden in der Dämmerung munter und bleiben nachts wach.

Sie sind am liebsten allein oder in ganz kleinen Familien. Weil sie keinen Zaun um ihr Gebiet bauen können, verspritzen sie an der Grenze eine stark riechende Flüssigkeit. Ihre gefährlichsten Feinde sind der Schneeleopard und leider der Mensch, der den Lebensraum des Pandas immer mehr einengt.

Warum heißt das Grévyzebra Grévyzebra?

Vor über 100 Jahren gab es einen französischen Präsidenten, der Jules Grévy hieß. Der Kaiser von Äthiopien in Afrika wollte ihm gerne ein schönes Geschenk machen und schickte im Jahr 1882 ein Zebra aus seiner Heimat nach Frankreich. Da bemerkten die Wissenschaftler, dass dieses Zebra anders aussah als die Zebras, die sie schon kannten. Es war größer, hatte längere Ohren und schmalere Streifen. Und weil es ein Geschenk für Herrn Grévy war, nannte man die neue Zebraart Grévyzebra.

Die Geschichte des Zebrastreifens

Schon vor 2000 Jahren brauchten die Menschen Hilfe beim Überqueren der Straße. Damals baute man Sprungsteine so in die Straße ein, dass man von Stein zu Stein gehen konnte, ohne nasse Füße zu bekommen. Die Kutschen konnten mit ihren hohen Rädern einfach zwischen den Steinen hindurchfahren. Der Zebrastreifen wird seit ca. 1930 auf die Straßen gemalt, aber erst seit 1964 sind die Autofahrer verpflichtet, die Fußgänger zuerst vorbeizulassen. Trotzdem passieren viele Unfälle an Zebrastreifen, und manche Verkehrspolitiker wünschen sich, dass der Zebrastreifen gedreht wird. Dann würde er mehr wie eine Sperre aussehen und nicht so, als ob man mit seiner Kutsche einfach hindurchkönnte.

Steppenzebra   Grévyzebra   Bergzebra

Das Zebra

Das Zebra gehört in die Großfamilie der Pferde, und weil es so ähnliche Streifen hat wie ein Tiger, nannten viele Leute es früher „Tigerpferd". Es gibt drei Sorten von Zebras: das Steppenzebra, das Bergzebra und das Grévyzebra, das im Kölner Zoo zu sehen ist. Das Grévyzebra ist das größte von allen Zebras und damit das größte Wildpferd der Welt. Zu Hause ist es auf den weiten Trockensteppen Afrikas, z. B. in Kenia. Es frisst Gräser, wiegt 350 bis 400 kg und wird 1,40 m bis 1,60 m groß.

Das Grévyzebra hat besonders schmale Streifen und Ohren wie ein Esel. Es schreit auch ein bisschen wie ein Esel, während die Rufe der anderen Zebras sich eher wie Hundegebell anhören. Besonders interessant ist, dass keine zwei Zebras auf der ganzen Welt genau gleich aussehen. Sogar ihre rechte und ihre linke Seite sind verschieden gemustert. Genauso, wie Deine Fingerabdrücke einzigartig in der Welt sind.

Warum die Zebras die tollen Streifen haben, war lange nicht geklärt. Zunächst haben die Forscher gedacht, die Streifen wären eine Tarnung. Denn genau wie die Wüstenluft flimmern auch die Streifen und so sind die Zebras in der Wüste schlecht zu erkennen. Das war aber noch nicht ganz richtig. Neuerdings wissen die Zebraforscher, dass die Streifen dem Zebra gegen einen ganz speziellen Feind helfen: Sie sind der perfekte Schutz vor der gefährlichen Tsetsefliege, die sich nicht gerne auf schwarz-weiße Streifen setzt. Aber wer weiß – vielleicht haben die Streifen auch noch einen anderen Zweck.

Der Mantelpavian war in Ägypten ein heiliges Tier. Man sieht ihn in alten Darstellungen auf Säulen sitzen und sehr klug schauen. Die Menschen hielten ihn für den Erfinder der Schreibkunst, den Gott der Wissenschaft und der Zeiteinteilung. Außerdem glaubten sie, dass er für das Gericht am Ende eines Menschenlebens zuständig sei und als Gerichtsschreiber alles Gute und Böse notiert, das ein Mensch in seinem Leben getan hat.

Expertenecke

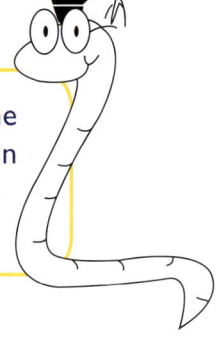

Neueste Forschungen haben ergeben, dass Paviane abstrakt denken können. Das bedeutet, dass sie in der Lage sind, Symbole zu erkennen, zu vergleichen und zuzuordnen.

Interessant

Im Kölner Zoo hat einmal eine Studentin die 140 Paviane mehrere Jahre lang beobachtet: Nach einiger Zeit konnte sie sie alle an ihrem Gesicht und ihrer Größe unterscheiden. Schau auch einmal genauer hin, dann siehst Du, dass sie alle ein bisschen verschieden aussehen!

Die Paviane im Kölner Zoo heißen genau genommen Mantelpaviane. Sie leben normalerweise in Äthiopien, Erithrea und auch in Südarabien. Am liebsten
fressen sie Samen, Früchte und Wurzeln, aber auch Insekten und sogar kleine
Eidechsen. Die Männchen sind viel größer und schwerer als die Weibchen.

In einer Pavianherde gibt es immer mehrere Banden, und jede Bande um-
fasst einige Gruppen. Jede Gruppe besteht aus einem erwachsenen
Männchen mit silbergrauer Mähne, mehreren Weibchen und Kindern.
Diese Art des Zusammenlebens nennt man ‚Harem‘. Wenn ein männlicher
Pavian alt genug ist, verlässt er seine Gruppe und gründet später mit jungen
Weibchen eine neue Gruppe. Die Pavianbabys kommen mit schwarzem Fell
auf die Welt. So können alle anderen sie sofort als Neugeborene erkennen
und ihnen im Notfall zu Hilfe kommen. Mit drei bis fünf Monaten werden die
Kleinen dann langsam hellbraun. Sie sind echte Klammeräffchen: In den ersten
Wochen klammern sie sich im Bauchfell von Mama fest, etwas später reiten
sie auf ihrem Rücken.

Der rosa Popo der erwachsenen Affen ist nicht etwa ein
Zeichen für eine schlimme Krankheit, sondern ganz normal.
Bei den Weibchen kann er für einige Tage stark anschwellen
und zeigt dann an, dass die Pavianweibchen bereit sind, Kinder zu bekommen. Sie bekommen übrigens pro Schwangerschaft immer nur ein Baby und können ganz schön alt werden, nämlich über 35 Jahre.

Witze

Frage: Warum fressen Tiger keine Kängurus?
In Australien leben keine Tiger!

Ein Formel-I-Rennfahrer und seine Freundin zelten. Plötzlich kommt ein Tiger und will dem Rennfahrer an den Kragen. Er läuft um sein Leben, immer um das Zelt herum. Seine Freundin guckt hinaus und ruft: „Schneller, der Tiger holt auf!"
Brüllt der Rennfahrer zurück: „Macht nichts, ich hab´ drei Runden Vorsprung!"

Tigerkuchen ... mmmhmmm ...

Man braucht:
1 runden Rührkuchen, z. B. Zitronenkuchen, und 2 Muffins oder Madeleines
Für den Belag:
Orangenzuckerguss oder eine Creme aus Quark, Frischkäse, Puderzucker und Orangensaft, die man mit Speisefarbe orange einfärbt (orangefarbene Speisefarbe gibt es als Pulver)
Für die Verzierung:
2 grüne Gummidrops
1 Paket Schokokuvertüre, halbbitter
4 runde Schokokekse für Nase und Ohren
1 schwarze Lakritzschnecke für die Schnurrhaare

Fertig gebackenen Kuchen auf eine große, runde Platte setzen, Muffins als Ohren zurechtschneiden und anfügen. Ausgekühlten Kuchen mit dem orangefarbigen Guss oder der Creme überziehen. Mit dem Schokoguss Streifen auf Pergamentpapier gießen, abkühlen lassen und aufsetzen. Die grünen Gummidrops dienen als Augen, die Lakritzstücke sind für Schnurrhaare, Pupillen und die Mundpartie. Zum Schluss die Schokokekse als Nase und auf die Ohren aufsetzen.
Guten Appetit!

Übrigens

… solltest Du zwischen dem 28.1.1998 und dem 15.2.1999 geboren sein, dann wärst Du auch ein Tiger – im chinesischen Horoskop!

Der Tiger

Der wunderschöne Sibirische Tiger, der in Köln zu sehen ist, ist die größte Katze der Welt. Er ist noch größer als sein Verwandter, der Königstiger. Manche Männchen werden fast drei Meter lang, also eineinhalb Mal so lang wie ein ausgeklappter Zollstock, und an der Schulter einen Meter hoch, das ist höher als ein Küchentisch. Tiger mögen die Einsamkeit und brauchen viel Platz und große Wälder, um zu jagen, denn natürlich haben so große Tiere auch großen Hunger. Tiger fressen andere Säugetiere, z. B. Wildschweine, Hirsche, Elche und Rehe, manchmal aber auch Vögel oder Fische. Sie jagen aber nie nur zum Spaß. So hatte ein Mann, der einmal in Köln ins Tigergehege fiel, Glück: Der Tiger war gerade satt.

Der Sibirische Tiger hat ein ganz besonders warmes Fell mit sehr langen Haaren und etwas Speck am Bauch, damit er die kalten Winter in Russland und China gut übersteht: Immerhin kann es da bis zu - 40 °C kalt werden, brrr! An den Pfoten ist er trotzdem empfindlich, und er mag es nicht, wenn Schnee zwischen seinen Zehen gefriert.

Wegen seiner Größe, Schönheit und Kraft ist er für die Menschen ein ganz besonderes Tier. Aber der Mensch ist auch der einzige Feind des Tigers. Er jagt ihn wegen des Fells und zerstört seinen Lebensraum. Heute leben nur noch 450 Sibirische Tiger in Freiheit. Inzwischen kämpfen aber viele Menschen für ihren Schutz.

Der Löwe und das Mäuschen

Eine kleine Maus weckte aus Versehen einen schlafenden Löwen. Er war wütend und wollte sie sofort fressen. Da bettelte sie um ihr Leben und piepste: „Ich will dir auch ewig dankbar sein und es eines Tages wieder gutmachen!" Der Löwe lächelte, ließ sie frei und dachte: „Wie will ein so kleines Tier mir helfen?"

Kurze Zeit später hörte das Mäuschen fürchterliches Löwengebrüll. Sie lief hin und fand ihren Freund in einem Netz gefangen. Schnell biss sie mit ihren scharfen Nagezähnchen das Netz kaputt, und der Löwe war wieder frei.

Als König der Tiere und Zeichen der Macht wurde und wird
der Löwe immer wieder als Wappentier verwendet.

Löwe mit Krummsäbel
auf den finnischen
Cent-Stücken

Der Bergische Löwe als
Wappentier von Düsseldorf

Yoga-Übung zum Ausprobieren

Hinknien, aber die Füße auf die Zehen stellen,
Hände auf die Knie stützen, Arme dabei strecken
Durch die Nase einatmen, Schultern anheben,
dann kräftig ausatmen, dabei Augen und Mund
weit aufreißen und die Zunge rausstrecken!
So brüllt der Löwe!

Der Löwe

Wenn Du den „König der Tiere" im Kölner Zoo zum ersten Mal siehst, bist Du vielleicht enttäuscht, weil er nicht so eine große dicke Mähne hat, wie Du gedacht hast. Das liegt daran, dass Du von vielen Bildern und aus Filmen den Afrikanischen Löwen kennst. Der Asiatische Löwe aus dem Kölner Zoo ist etwas kleiner und leichter und hat eine kürzere Mähne als sein afrikanischer Kollege. Früher fand man ihn in vielen Ländern Asiens und sogar in der Türkei, aber heute leben nur noch 200 Tiere in einem geschützten Waldgebiet in Indien, dem Gir-Wald. In Zoos wird versucht, Asiatische Löwen zu züchten, denn sie sind sehr gefährdet: Eine einzige ansteckende Krankheit könnte alle Löwen im Gir-Wald auf einmal vernichten.

Der Löwe gehört zu der Familie der Großkatzen, genau wie der Tiger und der Leopard. Im Unterschied zu ihnen lebt er aber am liebsten im Rudel, also in einer Großfamilie. Das Jagen übernehmen meistens die Löwinnen. Auch hier gilt: Gemeinsam sind wir stark, und so gehen mehrere Tiere zusammen auf Beutefang. Asiatische Löwen fressen gerne Hirsche, Wildschweine oder Antilopen.

Junge Löwen brauchen zwei Jahre, um alle die Jagdtricks von ihren Mamas zu lernen. Mit vier Jahren sind sie richtig erwachsen. Dann leben die männlichen Löwen einige Zeit als Junggesellen, bevor sie ein neues Rudel bilden, die Töchter bleiben bei den Müttern. Löwen sind sehr stark, springen weit und hoch und können zur Not auch auf Bäume klettern. Im Zoo werden sie über 20 Jahre alt, in freier Wildbahn nur sechs.

Wieso heißt der Leopard Leopard?
Eigentlich heißt Leo doch Löwe, das weißt Du vielleicht aus vielen Fabeln und Kindergeschichten, in denen ein Löwe namens Leo vorkommt. Du kennst bestimmt auch viele Vornamen mit der Silbe Leo, z. B. Leon, Leonora oder Leopold. Leo-pard ist eine Zusammensetzung von zwei Tiernamen, nämlich Leo, der Löwe, und pardus, der Panther, denn früher dachten die Menschen, dass die Leoparden eine Mischung aus diesen beiden Tierarten seien, sozusagen „Löwenpanther".

Welches Fell gehört zu welchem Tier?

a) b) c)

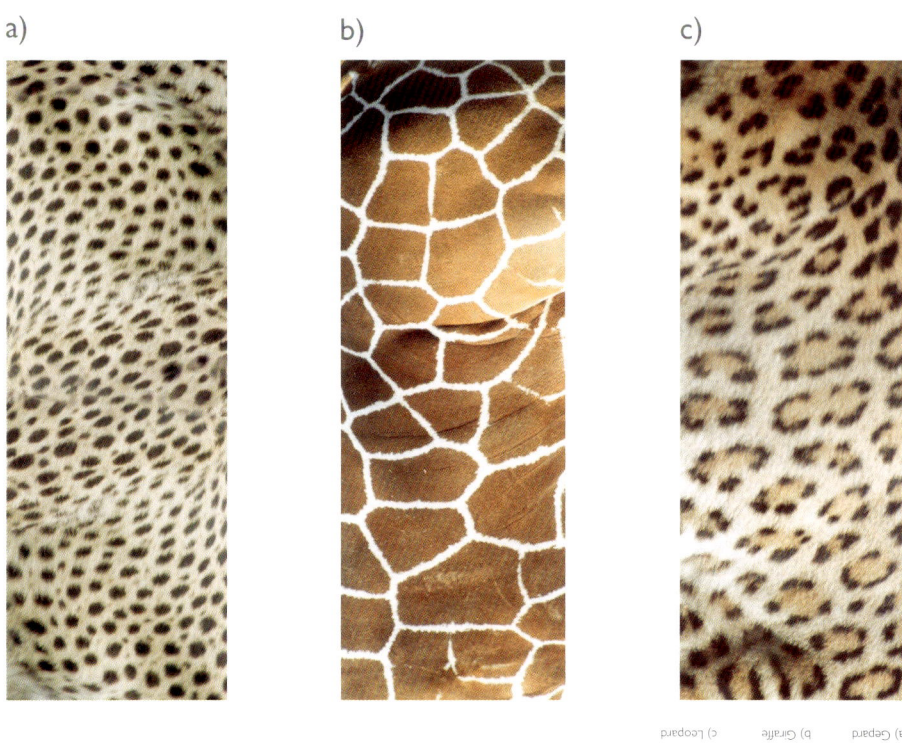

a) Gepard   b) Giraffe   c) Leopard

Der Leopard

Der Leopard ist nicht so leicht zu entdecken, denn er wird erst in der Dämmerung munter und in der Nacht aktiv. Tagsüber ruht er sich lieber aus und hält sich vor allzu neugierigen Menschenblicken versteckt. Wie unsere Hauskatzen kann er im Dunkeln sehr gut sehen, denn er hat in seiner Netzhaut einen Reflektor eingebaut, der das wenige Licht des Abends und der Nacht verstärkt. Vielleicht hast Du ja das besondere Leuchten von Katzenaugen schon einmal gesehen.

Der Leopard ist ein sehr erfolgreicher Jäger. An seinen Pfoten hat er messerscharfe Krallen, die er blitzschnell ausfahren kann, wenn er ein Tier fangen möchte. Er frisst gerne Wildschweine oder Schafe und Ziegen und er jagt sogar so große Tiere wie Antilopen oder Hirsche, muss sich aber manchmal auch mit Vögeln, Fischen oder Insekten begnügen. Beim Fressen sitzt er am liebsten oben in einem Baum, damit ihm niemand seine Beute abjagen kann. Dorthin trägt eine fürsorgliche Leopardenmama auch ihre Kinder, wenn Gefahr droht.

Leoparden findet man in verschiedenen Landschaften in Afrika und Asien. Als echte Einzelgänger treffen sie sich nur zur Paarung; die Jungen zieht die Mutter alleine auf. Ein ausgewachsener Leopard wiegt ca. 80 kg und kann bis zu 21 Jahre alt werden. Leider jagen viele Menschen die Tiere wegen ihrer wunderschönen Felle.

Gorillas im Kino

Der berühmteste Kino-Gorilla heißt King Kong. Schon vor über 70 Jahren wurde der erste Gruselfilm über ihn gedreht: „King Kong und die weiße Frau". Dieser Film wird heute noch wegen seiner tollen Tricks bewundert. 1976 gab es eine Neuverfilmung mit dem Titel „King Kong", in der der Gorilla noch riesiger wirkt und noch mehr Unheil anrichtet.

Leider haben diese Filme den Menschen ganz unnötig Angst vor den Gorillas eingejagt, dabei sind sie in Wirklichkeit gutmütig und nicht angriffslustig.

Expertenecke

Es gibt fünf verschiedene Menschenaffen:
Gorilla - Orang-Utan - Schimpanse - Bonobo - Gibbon
Man nennt sie auch Primaten. Sie sind eng mit uns verwandt.
Welche Art ist im Kölner Zoo nicht zu finden?

Schimpansen

Gorilla ist nicht gleich Gorilla:
Grauer Gorilla: Gorilla gorilla graueri
Berggorilla: Gorilla gorilla beringei
Flachlandgorilla: Gorilla gorilla gorilla

Gorillas Stundenplan

Zeit	Montag	Dienstag	Mittwoch	Donnerstag	Freitag	Samstag	Sonntag
Morgens	Früh aufstehen	Früh aufstehen	Früh aufstehen	Früh aufstehen	Früh aufstehen	Früh aufstehen	Früh aufstehen
Vormittags	Fressen	Fressen	Fressen	Fressen	Fressen	Fressen	Fressen
Mittags	Schlafen	Schlafen	Schlafen	Schlafen	Schlafen	Schlafen	Schlafen
Nachmittags	Fressen	Fressen	Fressen	Fressen	Fressen	Fressen	Fressen
Abends	Früh ins Bett	Früh ins Bett	Früh ins Bett	Früh ins Bett	Früh ins Bett	Früh ins Bett	Früh ins Bett

Der Gorilla

Der Flachlandgorilla wohnt in Afrika, am wohlsten fühlt er sich im Regenwald. Er ist der Größte in der Familie der Menschenaffen. Er frisst selten Fleisch, sondern ernährt sich hauptsächlich von Pflanzen. Deshalb hat er auch gar kein Interesse daran, den Menschen etwas zu tun. Er ist friedlich und zankt sich nur selten mit den anderen Affen in seiner Familie.

Da Wurzeln, Blätter und Früchte nicht so schnell satt machen, muss ein Gorilla die meiste Zeit seines Lebens fressen, denn er ist ein großes und schweres Tier. Die Gorilla-Männer können bis zu 200 kg wiegen und 1,75 m groß werden. Damit erreichen sie etwa die gleiche Größe wie ein erwachsener Mensch, aber das doppelte Gewicht. Und weil sie so schwer sind, klettern sie auch gar nicht so gern, sondern bleiben meistens am Boden. Zum Schlafen begeben sie sich aber doch in die luftige Höhe und bauen sich aus Zweigen und Blättern ein gemütliches Nest auf den Bäumen.

Gorillas mögen Gesellschaft und leben mit ungefähr 20 Tieren in sehr großen Gruppen zusammen. Die Babys müssen wie Menschenbabys erst krabbeln und dann laufen lernen, aber sie schaffen es ein bisschen früher als Du: Krabbeln können sie schon mit zwei bis drei Monaten, laufen mit acht Monaten. Bei den erwachsenen Männchen färbt sich das Fell silbrig-grau, deshalb nennt man sie auch „Silberrücken".

Orang-Utans haben sehr starke Muskeln im Gesicht.
Deswegen können sie so viele lustige Grimassen schneiden.
Kannst Du das auch?

Der berühmteste Kino-Orang-Utan ist König Louie (King Louis), der freche Affe aus dem Dschungelbuch, der mit Mogli ein flottes Tänzchen aufführt und alle möglichen Tricks versucht, um von dem Menschenkind zu erfahren, wie Feuer gemacht wird.

Die Haare an Armen und Schultern des Orang-Utans können bis zu 50 cm lang werden. Miss doch mal Deine längsten Haare!

Obwohl es schon seit über zehn Jahren verboten ist, werden Orang-Utans in Indonesien, aber auch in anderen Ländern heimlich als Haustiere gehalten. Das ist für die Menschen lustig, weil die Affen so schlau sind, und viele Sachen lernen können, die die Menschen ihnen zeigen. Aber für die Tiere ist es gar nicht lustig, denn sie leben unter völlig falschen Bedingungen und bekommen das falsche Fressen. Oft können sie gar nicht mehr zurück in die Freiheit, weil sie vergessen haben, wie sie sich selbst versorgen können.

Der Orang-Utan

„Orang" heißt auf Malaiisch „Mensch", und „Utan" bedeutet „Urwald". Der Orang-Utan wird also „Urwaldmensch" genannt. Genau wie die anderen Menschenaffen ist er tatsächlich ein sehr enger Verwandter des Menschen.

Orang-Utans leben auf Sumatra und Borneo. Das sind zwei große Inseln im Indischen Ozean zwischen China und Australien.

Sie wohnen im tropischen Regenwald und halten sich die meiste Zeit auf den Bäumen auf, denn dort sind sie sicher vor ihren Feinden. Außerdem finden sie hier ihre Lieblingsspeisen: Mangos und Feigen, Blätter, Blüten, Knospen und weiche Rinde. Manchmal stibitzen sie auch Eier aus Vogelnestern oder fressen kleine Tiere und Insekten. Nach diesen Leckereien müssen Orang-Utans aber oft ganz schön lange suchen. Wasser finden sie in den Mulden der Bäume. Wenn sie schlafen möchten, bauen sie sich genau wie die Gorillas mit ein paar Handgriffen ein Schlafnest.

Orang-Utans leben ganz gerne allein in ihrem Revier, aber sie besuchen sich gegenseitig. Die Kinder bleiben lange bei ihren Mamas, und die Affenmütter bekommen nur etwa alle sechs Jahre ein neues Baby. Genau wie bei den Gorillas dauert es lange, bis ein Orang-Utan-Kind selber laufen kann, nämlich acht bis neun Monate. Vorher krabbelt es herum oder wird von der Mama getragen.

Der kleine Unterschied

Asiatischer Elefant		Afrikanischer Elefant
Kleine, anliegende Ohren	–	Große Flatterohren
1 Greiffinger am Rüssel	–	2 Greiffinger am Rüssel
Kleine Stoßzähne oder gar keine	–	Große Stoßzähne
Glatte Stirn	–	Höckrige Stirn
Hügeliger Rücken	–	Gerader Rücken

Elefantöse Witze

Ein Elefant und eine Maus spielen Fußball. Tritt der Elefant auf die Maus. Pfeift der Schiedsrichter und zeigt dem Elefanten die rote Karte. Sagt die Maus: „Aber nein, Herr Schiedsrichter! Das hätte mir doch genauso passieren können!"

Eine Elefantendame betrachtet lange und nachdenklich die Zebras im Gehege nebenan. Dann seufzt sie tief und sagt zu ihrer Freundin: „Es stimmt schon, was alle sagen, Streifen machen schlank."

Elefanten als Glücksgottheit

In Indien glauben die Menschen an den Gott GANESHA. Sie stellen ihn als Menschen mit Elefantenkopf dar und beten zu ihm, wenn sie etwas Schwieriges oder Aufregendes vor sich haben, damit GANESHA ihnen Glück bringt.

Expertenecke

Warum sagt man über Menschen, die sich etwas gut merken können: „Der hat ein Elefantengedächtnis!" ? Weil Elefanten das größte Gehirn von allen Landsäugetieren besitzen und sich nachweislich noch nach vielen Jahren an Personen erinnern können, mit denen sie einmal engeren Kontakt hatten.

Elefanten sind die größten Landsäugetiere auf unserer Erde. Sie wiegen ca. drei Tonnen, besonders große Bullen (so nennt man die männlichen Tiere) können bis zu 6,5 Tonnen schwer werden. Stellen wir uns das mal vor: Wenn Du 30 kg wiegst, müssten 100 Kinder wie Du in einer Waagschale sitzen, um genauso schwer zu sein wie ein einziger Elefant! Wer so groß und schwer werden will, muss natürlich viel fressen. Elefanten fressen den ganzen Tag von morgens bis abends und kommen dabei auf 150 kg Pflanzen und zum Hinunterspülen auf 120 Liter Wasser.

Etwas ganz Tolles ist der Rüssel. Er ist Nase und Hand zugleich, und in seinem Inneren befinden sich Tausende von Muskeln. Sie machen den Rüssel so stark, dass der Elefant in der Lage ist, ganze Bäume auszureißen, aber auch so zart und geschickt, dass er ein kleines Krümelchen vom Boden aufheben kann. Mit dem Rüssel kann man auch spielen, streicheln, duschen oder trompeten. Wenn Du Glück hast, hörst Du den lauten Ruf sogar im Zoo.

Elefantenmamas müssen beim Warten auf ihre Babys viel Geduld haben, denn eine Schwangerschaft dauert bei Elefanten fast zwei Jahre. Das ist die längste Zeit im ganzen Tierreich. Ein Elefantenbaby kommt mit über 100 kg zur Welt und bleibt für zwei Jahre ganz nah bei seiner Mutter.

Die ganze Elefantenherde ist sowieso Frauensache, denn es sind immer mehrere Kühe (so heißen die weiblichen Tiere) mit ihren Jungen, die in einer Großfamilie leben. Die Bullen kommen nur hin und wieder zu Besuch.

Die Geschichte der Elefanten im Kölner Zoo

Der Kölner Zoo ist schon fast 150 Jahre alt, er wurde 1860 gegründet. Das heißt, dass vielleicht schon Deine Urururgroßeltern dort spazieren gegangen sind. Möglicherweise haben sie auch schon den allerersten Asiatischen Elefanten besucht, denn der kam bereits fünf Jahre nach der Eröffnung. Leider hatte er viel zu wenig Platz und wurde nicht sehr alt. 1874 sind dann zwei Afrikanische Elefanten in das schöne alte Gebäude eingezogen, das es noch immer gibt und das eigentlich für Antilopen und Giraffen gedacht war. So blieb es für lange Zeit das Zuhause der Elefanten. In den vielen Jahren hat sich hier einiges abgespielt: Früher waren die Elefanten mit schweren Eisengittern von den Besuchern getrennt, bis der Wassergraben gebaut wurde. Einmal hat sogar das Hochwasser des Rheins das Elefantenhaus erreicht, und die Dickhäuter bekamen nasse Füße.

Im Jahr 1954 kam Savani, eine Asiatische Elefantendame, und sie wohnte genau 50 Jahre hier. Sie starb Ende 2004 als zweitältester Elefant Europas. Nun steht die Afrikanische Elefantendame Pretti ganz allein im Außengelände. Die neuen Elefanten aus Asien kann sie leider nicht kennen lernen, denn die könnten sich bei Pretti Krankheitskeime einfangen. Pretti machen diese Keime nichts aus, die Asiatischen Elefanten aber sind an diese Keime nicht gewöhnt und könnten sehr krank werden. Weil Pretti aber wie alle Elefanten sehr gesellig ist und sich so ganz alleine nicht wohl fühlt, sucht der Kölner Zoo schweren Herzens ein neues Zuhause für sie, einen anderen Zoo, in dem sie wieder Gesellschaft hat.

Der Elefantenpark

Das neu gebaute Gehege ist jetzt das Zentrum des Kölner Zoos. Es ist riesengroß, nämlich 20.000 Quadratmeter, das ist ungefähr so groß wie zwei Fußballplätze. Hier soll eine ganze Herde von Asiatischen Elefanten wohnen und möglichst auch Kinder bekommen. Damit sich die grauen Riesen so richtig wohl fühlen, haben sich die Erbauer des Geheges viel Mühe gegeben. Innen ist es schön warm und es gibt ein Badebecken mit Wasserfalldusche. Draußen haben die Tiere viel Auslauf und außerdem die Möglichkeit, sich kräftig im Schlamm zu suhlen oder in ihren Badebecken zu planschen.

Was die Elefanten nicht wissen: Sie stehen Tag und Nacht unter genauer Beobachtung durch versteckte Kameras, damit die Tierpfleger immer wissen, wie es ihnen geht. Und jedes Mal, wenn sie an die frische Luft gehen, betreten sie, ohne es zu wissen, eine Elefantenwaage und werden gewogen. So fallen schon kleine Veränderungen im Gewicht sofort auf, und Krankheiten oder Schwangerschaften können früh erkannt werden.

Die Pfleger versuchen die Tiere möglichst wenig zu stören, damit ihr Leben fast genauso ist wie in der Natur. Diese Art der Betreuung heißt „hands off", also „Hände weg!". Pretti im alten Elefantenhaus ist das nicht gewohnt. Sie wird nach der „hands on"-Methode gehalten, das heißt, sie wird von ihren Betreuern angefasst, gepflegt und an heißen Tagen sogar geduscht. Deshalb versteht sie auch einige Wörter unserer Sprache, so ähnlich wie unsere Haustiere. Damit sie sich nicht langweilt, haben die Pfleger kleine Kunststücke mit ihr geübt. Aber eigentlich brauchen Elefanten keine Menschen.

Expertenecke

Seehunde – Seelöwen: Beide sind Säugetiere und Wasserraubtiere. Da sie einander ziemlich ähnlich sehen, werden sie
oft verwechselt. Aber: Seelöwen bewegen sich an Land
auf allen vier Flossen, Seehunde hingegen robben behäbig
auf dem Bauch. Die Seelöwen gehören zu den Ohrenrobben,
weil sie sichtbare kleine Ohrmuscheln am Kopf haben. Die
Seehunde zählen zu den Hundsrobben.

Im Kölner Zoo kann man die Kalifornischen Seelöwen besuchen. Normalerweise sind sie – wie der Name schon
sagt – in Kalifornien zu Hause, also an der Westküste von
Amerika. In Köln fühlen sie sich aber auch sehr wohl, das
erkennt man daran, dass sie sich fleißig vermehren: So wurde z. B. am 30. Juni 2002 Kalle als Sohn von Kiki geboren.

Warum heißt der Seelöwe Seelöwe?
Weil er so aussieht?

Nein.
Der Name kommt wahrscheinlich von seinem Gebrüll, das er immer dann hören lässt,
wenn er eine Seelöwin verliebt machen will
…

Der Seelöwe

Seelöwen lieben das Wasser. Auf der ganzen Welt leben 145.000 Tiere an verschiedenen Meeresküsten. Wie toll sie schwimmen können, kannst Du im Wasserbecken gut beobachten, aber wusstest Du auch, dass sie an Land schneller laufen können als ein Mensch? Sie ziehen ihre hinteren Flossenfüße unter den Bauch und galoppieren dann wie mit richtigen Füßen. Im Wasser sind sie sehr geschickt, sie können 30 Meter tief tauchen und ungefähr 15 Minuten ohne Luft unter Wasser bleiben. Dabei schwimmen sie so rasend schnell, wie ein Moped fahren kann (40 Kilometer in der Stunde), so dass ihre Beutetiere keine Chance haben. Seelöwen sind Wasserraubtiere. Sie fressen andere Tiere, die im und am Wasser leben, z. B. Fische, Krebse, Tintenfische und Wasservögel.

Seelöwenweibchen sind viel kleiner und schlanker als die Männchen – die werden dreimal so schwer. Stell Dir das mal bei den Menschen vor! Man kann Männchen und Weibchen auch daran unterscheiden, dass die Männchen einen Buckel auf der Stirn haben, die Weibchen aber nicht. Wenn Seelöwen Kinder bekommen wollen, dann tun sich immer einige Männchen mit einer ganzen Gruppe von Weibchen zusammen und beschützen ihren Harem vor anderen Männchen. Kleine Seelöwenbabys trinken ein halbes Jahr bei ihrer Mutter, bevor sie selber Fische fressen. Auch das Schwimmen müssen sie erst lernen. Im Zoo üben die Pfleger mit den Seelöwen Kunststückchen, damit sie sich nicht langweilen und traurig werden. Beim Spielen können die Pfleger außerdem ganz nebenbei überprüfen, ob es den Seelöwen gut geht.

Die knifflige Frage: „Was ist der Unterschied zwischen einem Seehund und einem Seelöwen?" ist gar nicht so schwer zu beantworten, wenn man sich auskennt:

Es gibt drei verschiedene Robbenfamilien:
Hundsrobben - Ohrenrobben - Walrosse
Zu den Familien der Hundsrobben und Ohrenrobben gehören viele Arten, anders als beim Walross. Seehunde gehören zu den Hundsrobben, Seelöwen gehören zu den Ohrenrobben.
Wenn Du selber Zoologe spielen willst, dann sieh doch bei den Seelöwen und Seehunden einmal genau hin:

	Hundsrobben, z. B. Seehunde	**Ohrenrobben, z. B. Seelöwen**	**Walrosse**
Ohren	Nur kleine Löchlein	Richtige Ohrmuscheln	Nur kleine Löchlein
Fort-bewegung an Land	Können Schwanzflosse nicht einklappen, müssen auf dem Bauch rutschen	Können Schwanzflosse einklappen, watscheln ganz schön schnell	Können Schwanzflosse einklappen, watscheln ganz schön schnell
Äußeres	Fell	Fell	Faltige Haut und lange Stoßzähne aus Elfenbein

Im Kölner Zoo läuft von 2002 bis 2007 ein Forschungsprojekt. Tierforscher von der Universität Bochum arbeiten täglich mit den Seehunden, um zu verstehen, wie sie sich im Meer zurechtfinden. Das macht den Seehunden großen Spaß! Übrigens: Seehunde haben 1000 Nerven an jedem einzelnen Tasthaar im Gesicht. Deswegen können sie fühlen, wenn ein Fisch vor ihnen her schwimmt. Toll, was?

Seehunde leben an Meeresküsten und im Wattenmeer, z. B. an unserer Nordsee. Sie verbringen die meiste Zeit im Wasser und sind wirklich gute Schwimmer: Die Vorderflossen helfen ihnen beim Lenken, mit den Hinterflossen wird sehr schnell gepaddelt. Aber ihre Babys bekommen sie an Land oder auf Sandbänken. Fast alle Seehundkinder kommen im Juni zur Welt. Dabei bekommt jede Seehündin nur ein Junges, ganz selten sind auch mal Zwillinge dabei. Die ersten vier bis sechs Wochen bleibt das Baby nah bei seiner Mama und wird gesäugt. Schon im Herbst ist es so groß und stark, dass es selbst weit ins Meer hinausschwimmen kann, um Futter zu finden. Wenn Seehundweibchen auf die Jagd gehen, lassen sie ihre Jungen am Strand zurück. Die kleinen Seehunde rufen dann nach ihren Müttern, bis diese wieder auftauchen, deswegen werden sie ‚Heuler' genannt. Hin und wieder kommen die Weibchen nicht zu ihren Jungen zurück. Wenn diese verlassenen Heuler von Menschen gefunden werden, werden sie in Seehundstationen aufgezogen.

Seehunde fressen Fische, Tintenfische, Krebse, Muscheln und Schnecken, zählen also zu den Raubtieren. Wenn sie groß sind, wiegen sie etwa so viel wie ein erwachsener Mensch, also zwischen 50 und 100 kg. Sie werden 15 bis 20 Jahre alt. Sie haben eigentlich recht gute Augen, aber das nützt in dem trüben Meerwasser oft nicht viel. Also brauchen sie noch andere Fähigkeiten, um ihre Nahrung zu finden: Sie können mit ihren feinen Tasthaaren an der Schnauze die Bewegung anderer Tiere im Wasser fühlen, und mit ihrem guten Geschmackssinn erkennen sie am Salzgehalt des Wassers, ob ein Fischschwarm in der Nähe ist.

Witz

In der Pinguinschule sagt ein Pinguinkind zum anderen: „Hey, heute haben wir zehn Grad minus!"
Antwortet das andere Pinguinkind:
„Super! Vielleicht kriegen wir ja hitzefrei!"

Humboldtpinguin-Eier-Quiz:

Wie viel wiegt ein Ei?	90 g-120 g
Wie viele Eier legt eine Pinguinmama?	meistens 2
Wohin?	in eine gepolsterte Höhle
Wie lange wird gebrütet?	ca. 40 Tage
Wer brütet?	Papa und Mama
Was brauchen sie dazu?	eine große Gruppe (Kolonie), in der sie sich wohl fühlen

Pinguine sind einfach zu basteln:

Eine leere Papprolle (Toilettenpapier) schwarz anmalen.
Einen ovalen weißen Papierbauch und schwarze Flügel aufkleben.
Schwarzes Krepppapier zu einer Kugel knüddeln und oben hineinstecken.
Einen gelben Schnabel und runde Augen aufkleben.
Hinten einen schwarzen flachen Schwanz und vorne zwei gelbe Watschelfüße aus Tonpapier ankleben.

Der Pinguin

Auch wenn ein Pinguin aussieht wie ein vornehmer Herr im Frack, ist er doch ein echter Vogel. Er baut sich ein Nest am Boden, legt Eier und trägt echte Federn. Fliegen kann er allerdings nicht. Aber sieh Dir einmal genauer an, wie er taucht! Pinguine „fliegen" durch das Wasser und erreichen dabei Geschwindigkeiten von bis zu 40 Kilometer in der Stunde. Das ist fast so schnell wie ein Auto im Stadtverkehr. Sie können zehn bis fünfzehn Meter tief tauchen und über zwei Minuten unter Wasser bleiben. Dabei frieren sie nie, denn unter ihren Federn tragen sie eine drei Zentimeter dicke Fettschicht, die die Kälte gar nicht durchlässt. Wenn es ihnen zu warm ist, wedeln sie im Stehen mit den Flügeln, genau wie Du mit Deinem Heft, wenn es Dir in der Schule zu warm wird – das kühlt. Die Kölner Pinguine kommen aus Chile und Peru, also aus dem Süden von Südamerika. Da ist es eigentlich auch zu warm, aber eine kalte Meeresströmung kühlt das Meer ab: der Humboldtstrom. Von ihm haben die Humboldtpinguine ihren Namen. Sie sind kleiner als die bekannten Königspinguine, die man oft auf Pinguinpostern sieht.

Beim Nestbau und Brüten kann man die Pinguine sogar im Zoo beobachten. Sie sitzen in ihren Nestern hinter den kleinen Torbögen. Nach 39 Tagen geduldigen Wartens kommen niedliche Küken mit einem flauschig weichen Federkleid zur Welt. Sie werden sehr schnell erwachsen und können schon drei Monate nach der Geburt alleine leben und jagen. Am liebsten fressen sie Fische, Tintenfische und Krebse.

Die Indianer haben die Bisons nicht zum Spaß getötet. Sie brauchten sie dringend für ihr eigenes Überleben. Hier kannst Du sehen, dass die Indianer für fast alle Teile des Tieres Verwendung hatten:

Fleisch	Nahrung, frisch und getrocknet
Rohes Leder	Schilde, Mokassins (= Indianerschuhe), Trommeln, Boote, Seile, Gefäße
Gegerbtes Leder	Tipis (= Indianerzelte), Kleidung, Decken, Wiegen, Taschen, Puppen
Hörner	Becher und Suppenkellen
Hufe	Klebstoff und Rasseln
Haare	Kopfschmuck und Seile
Knochen	Würfel, Keulen, Messer und Werkzeuge
Magen	Medizin
Blase	Beutel und Sehnen für Bogen
Schwanz	Bürsten
Getrockneter Kot	Brennstoff

Bisonbabys sind normalerweise hellbraun. Sehr selten kommt ein weißes Kalb zur Welt. Für die Indianerstämme bedeutet die Geburt eines weißen Bisons den Anbruch einer neuen Zeit, also etwas ganz Besonderes.

Expertenecke

Oft gehen beim Bison die Bezeichnungen etwas durcheinander. Viele Menschen nennen ihn Büffel oder „Indianerbüffel", so steht es sogar in Wörterbüchern. Das kommt sicher daher, dass die Bisons auf Amerikanisch „buffalo" heißen. Aber echte Experten müssen etwas genauer unterscheiden. Die Rinderfamilie wird unterteilt in: „Bisons", „Büffel" und „Eigentliche Rinder". Der Bison im Kölner Zoo ist ein Amerikanischer Bison. In Amerika leben Waldbisons und Präriebisons. In Europa gibt es auch eine Bisonart, die mit dem Amerikanischen Bison verwandt ist: der Wisent. Verschiedene Büffelarten gibt es z. B. in Afrika und Asien.

Der Bison stammt aus Nordamerika. Wer schon einmal ein Indianerbuch gelesen hat, weiß bestimmt von den riesigen Bisonherden, die es früher dort gab. Es waren schätzungsweise 60 Millionen Tiere, eine Zahl, die man sich gar nicht vorstellen kann. Es waren fast so viele, wie Menschen in ganz Deutschland leben. Als die Europäer nach Amerika kamen, jagten sie die Bisons so gnadenlos, dass es im Jahr 1889 nur noch 835 Tiere gab. Das wäre also etwa so, als wenn in unserem großen Land nur noch ein einziges kleines Dorf bewohnt wäre.

Inzwischen gibt es zum Glück wieder mehr Bisons in geschützten Nationalparks, aber so viele wie früher werden es wohl nie wieder.

Dabei sind sie eigentlich gut ausgerüstet: Sie rennen bis zu 50 Kilometer in der Stunde, können aber auch sehr ausdauernd sein und lange Wanderungen durchhalten. Im Winter graben sie mit ihren Hörnern tief in den Schnee, um trockenes Gras und Kräuter zu finden. Die Nase ist so fein, dass sie drei Kilometer entfernte Gerüche wahrnimmt. Wenn ein Bison wütend wird, senkt er den Kopf und hebt den Schwanz. Dann wird laut gebrüllt und auf den Gegner zugestürmt. Und das sieht bei einem Gewicht von 1000 kg und einer Größe von 1,90 Meter schon sehr gefährlich aus. Aber sonst ist ein Bison friedlich und gesellig, wälzt sich gerne im Schlamm und grunzt manchmal wie ein Schwein. Kühe und Bullen leben lieber in getrennten Herden und treffen sich nur zur Fortpflanzung. Sie werden etwa 22 Jahre alt.

Ein Giraffenherz wiegt 12 kg und muss pro Minute sechs Eimer Blut pumpen.

Expertenecke

Lange Zeit dachten die Menschen, Giraffen wären stumm. Inzwischen weiß man aber, dass Giraffen sich doch miteinander unterhalten. Sie erzeugen Töne, die so tief sind, dass wir Menschen sie nicht hören, aber mit speziellen Messgeräten messen können.

1   2   3   4

a   b   c   d

Das schöne Muster der Giraffen ist eine perfekte Tarnung. Durch Licht und Schatten in den Bäumen und auf dem Fußboden sind die Giraffen von weitem nicht von ihrer Umgebung zu unterscheiden. Sollte diese Tarnung aber einmal nicht ausreichen, können Giraffen auch sehr schnell weglaufen: Mit ihren langen Beinen schaffen sie bis zu 50 Kilometer in der Stunde. Dann laufen sie in einer Art Galopp. Wenn sie langsam gehen, gehen sie wie die Kamele im Passgang.

Die Giraffe

Die Giraffe kommt aus den Savannen südlich der Sahara in Afrika. Sie ist das ‚höchste' Säugetier der Welt: Mit 5,80 m Höhe kann sie bei Dir ins Zimmer schauen, wenn Du im ersten Stock wohnst. Allein ihr Hals ist länger, als die größten Menschen groß sind, nämlich bis zu 2,50 m. Trotzdem hat auch eine Giraffe nur sieben Halswirbel, genau wie Du. Mit ihrem Kopf in den Bäumen kann die Giraffe mühelos Blätter, Knospen und junge Triebe pflücken. Dabei hilft ihr die blau-schwarze Zunge, die so lang ist wie ein Kinderarm, und ihre klebrige Spucke. Das Maul ist innen so unempfindlich, dass sogar Dornen ihr nicht wehtun. Sie ist ein Wiederkäuer, d. h., dass das Essen im Magen zu einem Brei verarbeitet wird, aber danach den ganzen langen Hals noch einmal hinaufmuss bis ins Maul, wo alles ein zweites Mal durchgekaut wird. Dafür braucht man sehr kräftige Muskeln in der Speiseröhre. Wenn eine Giraffe sich bückt, um zu trinken, sieht das sehr ungelenkig und schwierig aus, weil sie ihre Beine so weit auseinander stellen muss. Dabei verändert sich ihr Blutdruck enorm, das Herz muss viel stärker pumpen, denn sonst funktioniert der Kreislauf nicht mehr. Deshalb schlafen Giraffen lieber im Stehen. Im Stehen bekommen sie auch ihre Babys, und das ist ganz schön aufregend: Das neugeborene Giraffenkind fällt immerhin aus 2 m Höhe auf die Erde! Dabei tut es sich aber nicht weh und kann schon nach etwa einer Stunden auf eigenen Beinen stehen.

So stellte sich im Jahre 1515 der berühmte Maler Albrecht Dürer das Nashorn vor. In dieser Zeit sollte ein Nashorn mit dem Schiff von Indien über Portugal nach Rom gebracht werden. Leider ging das Schiff unter, bevor es in Italien ankam. Ein Mann, der das Nashorn in Portugal im Hafen gesehen hatte, machte eine kleine Zeichnung von dem merkwürdigen Tier. Nach dieser Zeichnung malte Dürer sein Bild.

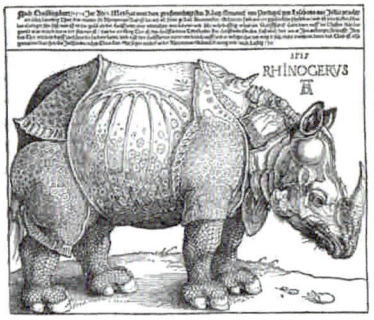

Expertenecke

In der Familie der Nashörner gibt es das Spitzmaulnashorn und das Breitmaulnashorn aus Afrika und dann noch die asiatischen Nashörner: Panzernashorn, Javanashorn und Sumatranashorn. Panzernashorn und Javanashorn sind eng miteinander verwandt und tragen den lateinischen Namen Rhinoceros. Sie haben nur ein Horn auf der Nase, das Sumatranashorn aber zwei, genau wie das Spitzmaulnashorn, das im Kölner Zoo lebt.

In Afrika wohnt dieser schöne Nashornvogel, den man auch im Kölner Zoo besuchen kann.

In Europa gibt es den superstarken Nashornkäfer, der Sachen tragen kann, die 800mal schwerer sind als er!

Das Nashorn

Das Spitzmaulnashorn kommt aus Afrika, aus der südlichen Sahara. Wie alle Nashörner wälzt es sich gerne so richtig gründlich im Schlamm herum, denn der getrocknete Schlamm ist ein guter Schutz gegen Insekten. Deswegen sucht sich das Nashorn immer ein Plätzchen in der Nähe von einer Wasserstelle oder einem Fluss. Dabei ist es aber am liebsten ganz allein, nur die kleinen Nashörner dürfen nah bei ihren Müttern bleiben und werden von ihnen mutig beschützt. Übrigens muss eine Nashornmama über 450 Tage auf die Geburt ihres Babys warten, sie ist also länger als ein Jahr und drei Monate trächtig. Dann kommt das Kleine zur Welt und wiegt gleich so viel wie ein erwachsener Mensch, nämlich 60 bis 70 kg. Ein ausgewachsenes Nashorn wiegt so viel wie ein kleines Auto, nämlich 800 bis 1350 kg. Und das, obwohl es nur Blätter, dünne Äste und Kräuter frisst oder mit seinem Horn leckere Knollen aus dem Boden buddelt. Nashörner sehen schwerfällig und unbeweglich aus, aber der Eindruck täuscht: Sie können so schnell rennen, wie man in der Stadt fahren darf, nämlich 50 Kilometer in der Stunde. Wenn ein so schweres Tier in diesem Tempo auf einen Gegner zurennt, kann das sehr gefährlich werden. Aber normalerweise sind Nashörner friedlich, man darf sie eben nicht ärgern, denn dann werden sie wirklich sehr wütend. Manchmal kämpfen sogar männliche Nashörner mit weiblichen, obwohl sie ineinander verliebt sind.

Übrigens haben sie ziemlich schlechte Augen, aber dafür gute Ohren und eine sehr feine Nase. Sie können über 40 Jahre alt werden.

Eine Fabel

Gott schuf das Flusspferd und befahl ihm, für die anderen Tiere Gras zu schneiden. Als das Flusspferd aber nach Afrika kam und merkte, wie heiß es dort
war, bat es Gott, tagsüber im Wasser bleiben zu dürfen und nur nachts Gras
schneiden zu müssen. Gott fürchtete aber, das Flusspferd würde dann lieber
Fische fressen als Gras und seine Arbeit nicht tun. Deshalb wedelt das Flusspferd immer seinen Kot auseinander, damit der liebe Gott sieht, dass keine
Gräten darin sind.

Flusspferd-
auge

Flusspferd-
fuß

Expertenecke

Flusspferd – Nilpferd – Hippopotamus
Das Flusspferd hat es mit seinen drei Namen nicht leicht,
denn sie sind alle nicht besonders treffend. Nilpferd nannte man es früher, weil die ersten Exemplare am Nil entdeckt
worden sind. Dort leben aber schon lange keine Flusspferde
mehr. Hippopotamus klingt lustig, aber es ist nur die lateini-
sche Übersetzung von Pferd (hippo) und Fluss (potamus). Streng
genommen ist ein Flusspferd viel näher verwandt mit einem
Schwein, müsste also Flussschwein oder Hippoporcus heißen.

Flusspferd-
haut

Wassergeburt

Flusspferdweibchen bekommen ihre Babys im flachen Wasser. Ein Flusspferd-
baby wiegt schon bei der Geburt 50 kg und kann sofort laufen und tauchen.
Wenn das Baby bei der Mutter trinken will, muss es untertauchen und unter
Wasser die richtige Stelle finden, um zu saugen. Gar nicht so einfach!

Das Flusspferd

Das Flusspferd lebt in Afrika, und zwar immer am Wasser, denn am liebsten tummelt es sich den ganzen Tag darin. Richtig gut schwimmen kann es eigentlich nicht, sondern es läuft eher unter Wasser oder lässt sich bis auf den Boden absinken und stößt sich dann wieder hoch. Ähnlich wie bei den Krokodilen liegen auch beim Flusspferd Augen, Ohren und Nasenlöcher fast genau auf einer Höhe. So braucht es den Kopf nur ganz wenig aus dem Wasser zu heben und kann schon sehen, hören und riechen. Unter Wasser macht es seine Nase zu. Ein Flusspferd kann bis zu fünf Minuten lang tauchen.

Nachts, wenn es kühler wird, kommen die Flusspferde an Land und fressen einen riesigen Berg Gräser und Kräuter, ca. 150 kg jeden Tag. Das wären etwa 300 Salatköpfe! Und wer viel Gemüse verspeist, hat auch eine lebhafte Verdauung, deswegen ist in der Nähe von Flusspferdherden das Wasser immer ziemlich trübe, aber gut gedüngt, und das hilft vielen anderen Lebewesen.

Flusspferde sind noch schwerer als Nashörner (bis zu 3200 kg). Sie können etwa 50 Jahre alt werden und haben keine natürlichen Feinde. Sie sind selbst auch recht friedlich: Sie markieren ihr Gebiet mit Kot, den sie mit ihrem kurzen Schwanz verwedeln (auch im Zoo. Achtung, der Kot kann ganz schön weit fliegen!). Wenn trotzdem jemand näher kommen will, reißen sie ihr Maul weit auf und brüllen, so laut es geht, um den Eindringling fürchterlich zu erschrecken.

Danke den Beratern Kolja, Jonas und Simon,
danke der Zoopädagogin Lucia Schröder und
den hilfreichen Kuratorinnen und Kuratoren.